AF360144

UNE
MAITRESSE FEMME,

COMÉDIE EN UN ACTE, MÊLÉE DE CHANTS.

PAR M. LAURENCIN.

REPRÉSENTÉE POUR LA PREMIÈRE FOIS A PARIS, PAR LA TROUPE DU GYMNASE CASTELLI,
SUR LE THÉÂTRE ROYAL DE L'ODÉON, LE 29 DÉCEMBRE 1836.

PARIS,

NOBIS, ÉDITEUR, RUE DU CAIRE, N

—

1836.

<table>
<tr><td>Personnages.</td><td>Acteurs.</td></tr>
</table>

MONTGADIN, propriétaire.	M. ALEXANDRE.
CLORINDE, sa femme.	Mlle RÉGINE.
DUPRAT, ami de Montgadin.	M. PAUL.
MICHEL, fermier.	M. FRÉDÉRIC.
ÉMILE.	M. EUGÈNE.
ADÈLE, nièce de Montgadin.	Mlle DELPHINE.
FRANÇOISE, domestique.	Mlle IRMA.
UN TAILLEUR.	M. GARDELEROY
INVITÉS.	

J.-R. MEVREL, Passage du Caire, 54.

UNE MAITRESSE FEMME,

COMÉDIE EN UN ACTE, MÊLÉE DE CHANTS.

Le théâtre représente un salon assez élégant. — Au fond, une porte ouvrant sur un vestibule. — A droite, au fond, un buffet. — Sur le premier plan, à droite, une cheminée sur laquelle on aperçoit des cafetières, une tasse, des fioles. — Plus loin, une fenêtre ouvrant sur un jardin. — Et ensuite une porte. — A gauche, sur le premier plan, un secrétaire. — Plus loin, la chambre de Clorinde et la porte de la cuisine. Table, fauteuils.

SCÈNE I.

ADÈLE, ÉMILE.

(Au lever du rideau, Adèle est assise auprès de la table et fait de la tapisserie.)

ÉMILE, entrant par le fond.

La voilà, elle est seule.   Il descend la scène.

ADÈLE, se levant.

Ah! comment, vous ici, M. Emile.

ÉMILE.

Rassurez-vous... (Montrant le jardin.) J'ai aperçu Mme Montgadin.

ADÈLE.

Ma tante?

ÉMILE.

Oui, elle est occupée à donner des ordres aux ouvriers du petit pavillon qu'elle fait bâtir au fond de son jardin.

ADÈLE.

N'importe, je crains...

ÉMILE.

Pardonnez-moi, chère Adèle, mais je n'ai pu résister au désir de vous annoncer une bonne nouvelle.

ADÈLE.

Laquelle?

ÉMILE.

M. Serval, l'ami de votre famille et de la mienne, veut bien se charger de parler, aujourd'hui même, de notre mariage à M. Montgadin.

ADÈLE.

Eh non! ce n'est pas à lui qu'il faut s'adresser d'abord, c'est à ma tante; vous savez bien que dès qu'elle y consentira, mon oncle dira : Oui, tout de suite.

ÉMILE.

En effet, vous avez raison, j'avais oublié; mais alors, il faut que je prévienne M. Serval; oui, je retourne chez lui, il est si bon... si obligeant... (Prêtant l'oreille à droite.) Écoutez, j'ai cru entendre...

ADÈLE.

Mon oncle? il va venir, peut-être; mais allez, partez donc, monsieur, s'il vous trouvait ici... sans l'autorisation de ma tante, nous serions tous grondés.

ÉMILE.

Eh bien! je pars, mais je vous reverrai.

AIR : Douce et jolie.

Ah! je l'espère,
Bientôt, ma chère,
Je vais reparaître à vos yeux.
ADÈLE, montrant la chambre de Montgadin.
Faites silence,
De la prudence,
Que ma tante sache nos vœux ;
En ces lieux elle est la maîtresse,
Si notre sort, grâce à vous, l'intéresse,
Nous verrons le plus doux hymen
Unir bientôt notre destin.

ENSEMBLE.

<table>
<tr><td>ÉMILE.</td><td>ADÈLE.</td></tr>
<tr><td>Ah! je l'espère,</td><td>Ah! du mystère,</td></tr>
<tr><td>Bientôt, ma chère,</td><td>Il faut vous taire,</td></tr>
<tr><td>Je vais reparaître à vos yeux.</td><td>Vite revenez en ces lieux.</td></tr>
<tr><td>Oui du silence,</td><td>Faites silence,</td></tr>
<tr><td>De la prudence,</td><td>De la prudence,</td></tr>
<tr><td>Sa femme connaîtra nos vœux.</td><td>A ma tante dites nos vœux.</td></tr>
</table>

(Il s'éloigne rapidement en la regardant, et se jette sur Michel qui entrait. Adèle est sortie par la gauche.)

SCÈNE II.

MICHEL, puis FRANÇOISE.

MICHEL, se frottant l'épaule et ramassant son chapeau.

Sapredienne!.. hé, dites donc, vous, est-ce que ça vous aurait gêné de passer à côté...

FRANÇOISE, entrant par le fond.

Eh bien! eh bien!.. taisez-vous donc, Michel, vous allez réveiller monsieur.

MICHEL.

Pardienne!.. faut-il donc pas se laisser bousculer par cet ustrubrélu qui arrive comme une diligence Laffitte et Baillard, sur moi et sur ma dinde. (Regardant sa dinde.) Ah! s'il est possible... la voilà-t-elle pas bien présentable actuellement, moi qui lui avais si gentiment fait sa toilette pour l'offrir à Mme Montgadin.

FRANÇOISE.

Ah! vraiment.

MICHEL, baissant la voix.

Oui, parce que je vas vous dire : Le bail de la ferme va t'expirer, et comme je voudrais bien, au moment de le renouveler, obtenir quelque petits avantages.

FRANÇOISE.

Bah!.. mais vous avez fait des affaires superbes.

MICHEL, haut.

Du tout! du tout!.. (Bas.) Chût! dites donc pas ça, c'est vrai, mais on demande toujours, et si les bourgeois consentent...

FRANÇOISE.

On en profite.

MICHEL.

Voilà! mais ça n'est pas trop facile avec Mme Montgadin, cette petite femme-là vous a t'un astuce diabolique; c'est pas t'a celle-là que les fermiers feraient manger de l'avoine pour du froment; et puis elle vous a des raisonnemens que j'en demeure tout hébété drès qu'elle me parle; c'est pour ça que je m'ai fait accompagner de la camarade... (Il montre la dinde.) Elle me soutiendra.

FRANÇOISE.

Comment ça?

MICHEL.

Air de l'Opéra-Comique.

Avec madame, c'est en vain
Que j'voudrais lutter d'éloquence.
Mais aujourd'hui j'espère enfin,
Pouvoir la réduire au silence,
Contre ell', dès qu'elle paraîtra,
Moi, je commence l'escarmouche,
Et si j'fléchis, ma dind' s'ra là
Pour lui fermer la bouche.

FRANÇOISE.

Ah! ah!... c'est égal, mon pauvre Michel; madame est bien fine.

MICHEL.

Oh! je sais, et j'aimerais bien mieux avoir affaire à monsieur... Ah!

Voilà un brave et digne homme d'homme : c'est doux... c'est causant...
c'est pas défiant, et s'il était resté garçon...

FRANÇOISE.

Il y a long-temps qu'il serait ruiné. un homme si doux... si bon... qu'il
en est...

MICHEL.

Bête...

FRANÇOISE, sévèrement.

Ah! Michel.

MICHEL.

Non. non, faible... faible...

FRANÇOISE.

Oui, trop faible, car sans sa femme, le premier venu lui ferait faire tout
ce qu'il voudrait; heureusement, madame est là qui veille à tout. A la
bonne heure, voilà un maîtresse femme!

MICHEL.

Elle peut s'en flatter!.. dire qu'une toute petite femme, car enfin, c'est
haut comme un abricotier de quinze mois...

FRANÇOISE.

Il faut la voir s'occuper de tout, donner des ordres à tout le monde,
faire démolir par-ici, bâtir par-là; payer les ouvriers, écrire, compter.
calculer, diriger tout à la fois, depuis la cave jusqu'au grenier. depuis le
dernier de ses herbages jusqu'à son jardin. Eh bien! ça me fait plaisir, ça
me flatte.

MICHEL.

Parce que?

FRANÇOISE.

Parce que ça prouve que nous sommes encore bonnes à quelque chose.
et que si on voulait laisser faire les femmes...

MICHEL.

Les femmes... les femmes! en v'là une.

FRANÇOISE.

Oh! il y en a d'autres.

MICHEL.

Dans queu pays?

FRANÇOISE.

Plus près que vous ne croyez... (Montgadin tousse.) Ah! mon Dieu, j'entends monsieur, et moi qui oubliais, si madame arrivait... (Elle souffle le feu
et en rapproche une cafetière.) C'est que lorsqu'il s'agit de son mari, elle n'entend pas raison.   (Elle prépare une tasse.)

SCÈNE III.

LES MÈMES, MONTGADIN.

MONTGADIN. Il est en robe de chambre et coiffé d'un foulard.

Hum! hum!.. Françoise!.. ah! vous voilà, c'est bien; où est Clorinde?

FRANÇOISE.

Madame? elle est dans le jardin à presser les ouvriers.

MONTGADIN.

Dans le jardin, du froid qu'il fait... (Toussant.) Hum!

FRANÇOISE, lui présentant la tasse.

Tenez, prenez cela.

MONTGADIN.

Qu'est-ce que c'est?

FRANÇOISE.

C'est ce que madame m'a dit de vous donner.

MONTGADIN.

Ma femme... ah!.. (Il boit.) Ça suffit, c'est bon, vous devriez bien aller
lui dire de venir. il me semble que mon rhume commence à passer.

FRANÇOISE.

Eh bien?

MONTGADIN.

Eh bien! je voudrais savoir si je ne me trompe pas.

FRANÇOISE.

Dam, vous devez pourtant le savoir mieux que personne.

MONTGADIN.

Oui, mais c'est égal, je serais bien aise d'avoir son avis, allez-y tout de suite.

FRANÇOISE.

Je veux bien: Michel restera avec vous.

MONTGADIN.

Qui ça, Michel?.. Ah! tiens, c'est toi, mon garçon? approche-toi donc du feu... Françoise, allez.

FRANÇOISE.

Oui, monsieur.   Elle sort.

SCÈNE IV.

MONTGADIN, MICHEL.

MICHEL, à part.

Nous sommes seuls, si j'osais, je vas toujours essayer, ça ne peut pas nuire.

MONTGADIN.

Assieds-toi donc... Eh bien! comment ça va-t-il à la ferme?

MICHEL, prenant un air piteux.

Mais, comme ci comme ça, notr' maître, v'là quelques années qui ne sont pas de ces meilleures, les inondations... la sécheresse...

MONTGADIN.

C'est fâcheux.

MICHEL.

Oui, c'est pénible pour les pauvres malheureux fermiers; aussi, que me suis-je fait, puisque nous v'là à la veille de renouveler le bail, je vas l'aller trouver M. Montgadin, c'est un honnête homme, et il est trop juste pour ne pas me faire une petite diminution.

MONTGADIN.

Tu parleras de ça à Mme Montgadin.

MICHEL.

Pourquoi faire? dès que vous voulez bien, c'est-il pas vous qu'êtes le maître?

MONTGADIN.

Assurément: mais...

MICHEL.

Quand on est l'homme, on est toujours le maître, c'est la règle, la femme c'est né et créé pour nous obéir.

MONTGADIN.

Sans doute: mais elle a l'habitude...

MICHEL.

C'est que je suis un peu pressé, et si vous aviez voulu... j'avais préparé... Il tire un contrat. Là, et d'un coup de plume... drigne, drigne, drigne, ça serait bientôt fait.

MONTGADIN.

Non, non... ma femme va venir, tu lui diras tes raisons... Eh! tiens, il me semble que je l'entends.

MICHEL, allant regarder.

Oui, c'est elle. A part. Ah! sapredienne! le coup est manqué. Haut. Eh bien! notre maître... si vous aviez la bonté...parce que madame...elle m'intimide... elle m'impose... elle vous a un air si...comme il faut... ça n'est pas comme vous...

MONTGADIN.

Hein?

MICHEL.

Non: je dis... avec vous... je me sens plus à l'aise... La voilà: vous lui parlerez, n'est-ce pas?

MONTGADIN.

Sois tranquille.

SCÈNE V.

Les Mêmes, CLORINDE, FRANÇOISE, un Tailleur, un Chapelier, un Cordonnier, un Marchand de Vin.

CLORINDE, au tailleur.

Mais encore une fois, je suis bien certaine de ce que je vous dis, M. Coupart, vous deviez me donner ce manteau il y a quinze jours; vous êtes cause que M. Montgadin a gagné un rhume affreux avant-hier. (Montgadin tousse; elle va à lui.) Ah! vous voilà, mon ami; comment vous trouvez-vous?

MONTGADIN.

Mais... heu! heu!.. qu'est-ce que tu en penses, toi?

CLORINDE, le regardant et lui tâtant le pouls.

Le teint est meilleur... il n'y a presque plus de fièvre.

MONTGADIN.

N'est-ce pas? (A Françoise.) Vous voyez bien que j'avais raison... je suis mieux... je pourrai sortir.

CLORINDE.

De ce temps-là, y pensez-vous?

MONTGADIN.

Mais, je pourrai manger.

CLORINDE.

Avec la fièvre? allons donc. (Au tailleur.) Eh bien! monsieur, ce manteau. (A Montgadin.) Pardon, mon ami; levez-vous un instant pour l'essayer. (Le tailleur lui essaie le manteau; au cordonnier qui lui montre les souliers.) Les avez-vous tenus plus larges, les derniers gênaient beaucoup mon mari. (Apercevant Michel.) Ah! c'est vous, Michel? vous venez pour votre bail?.. je suis à vous dans un instant, mon garçon. (A son mari.) Eh bien! qu'en dites-vous, mon ami?

MONTGADIN.

Moi... mais, je... qu'est-ce que tu en penses, toi?

CLORINDE.

M. Coupart, pourquoi l'avez-vous fait si étroit?

MONTGADIN.

Ça me va... il me semble que ça me va très bien.

CLORINDE.

Mais, du tout... comment pouvez-vous dire cela, monsieur? le collet tombe mal... c'est étriqué... sans grace... voyez comme ça bride d'ici, et l'étoffe, l'étoffe! mais voyez donc, c'est de la véritable camelotte. Mon mari ne prendra pas ce manteau, monsieur; vous lui en ferez un autre, s'il vous plaît.

LE TAILLEUR.

Pourtant madame... puisque monsieur...

MONTGADIN.

Cependant, chère amie...

CLORINDE, bas.

Taisez-vous donc. (Haut.) Mon mari est de mon avis, monsieur: n'est-ce pas, Théodore, tu ne veux pas de ce manteau?

MONTGADIN.

Moi! certainement; mais, certainement, que je n'en veux pas.

CLORINDE.

Et surtout, faites l'autre plus ample, plus étoffé; nous ne regardons pas au prix.

LE TAILLEUR.

Il suffit, madame.   (Le cordonnier essaie les souliers à Montgadin.

CLORINDE, au marchand de vin qui lui présente sa note.

Ah! M. Duclos, c'est la note de votre dernier envoi de vins, n'est-il pas vrai?.. vous vous rappelerez que je ne veux plus de Bordeaux. M. Montgadin a l'estomac très paresseux.

MONTGADIN.

Oui, oui... j'ai les digestions difficiles.

CLORINDE, bas à son mari.

A qui la faute, gros gourmand? (Haut.) Vous m'enverrez du Bourgogne, du Richebourg, des crûs de M. de Joursenvault, et nous les préférons. (Lisant la note.) Ah! du Malaga, veux-tu du Malaga, Théodore?

MONTGADIN.

Du Malaga?..eh! mais... ça n'est déjà pas si... qu'est-ce que tu en penses, toi?

CLORINDE.

Vous en mettrez vingt bouteilles, monsieur. (Au chapelier.) Le chapeau.

MONTGADIN.

Ah! oui, voyons...

CLORINDE.

Non, non, vous l'essaierez dans un autre moment, gardez votre foulard.

MONTGADIN, qui essaie toujours ses souliers.

Ah! c'est juste...

CLORINDE, s'approchant vivement.

Comment, encore! monsieur, s'ils vous gênent, il ne faut pas les prendre.

MONTGADIN.

Eh! non, non, je dis... c'est juste... je garde mon foulard, parce que le froid... mais les souliers sont très bien. (Il se lève.)

CLORINDE.

Voyons cela... marchez.

MONTGADIN.

Oh! très bien... je marche... hein... Ah! mais, oh! mais, je ne me sens pas aller... je ferais soixante-quatorze lieues sans me reposer, avec ça... et je battrais trois six consécutifs avec plaisir. (Il veut s'élancer.)

CLORINDE, l'arrêtant.

Je vous le conseille... pour vous donner encore un lombago, n'est-ce pas? bon Dieu, quel étourdi vous faites... vous n'avez pas plus de raison... asseyez-vous.

MONTGADIN.

Mais...

CLORINDE.

Mais, mais, asseyez-vous donc auprès du feu. (Passant les notes des fournisseurs.) Messieurs, surtout, n'oubliez pas mes recommandations...

LES FOURNISSEURS.

Air — Final de la Fortune de l'Épicier.

Merci, merci, madame;
Nous partons!
Ailleurs on nous réclame,
Dépêchons!

CLORINDE.

De l'exactitude!

LE TAILLEUR.

Nous ferons de notre mieux!
C'est notre habitude.

CLORINDE.

Très bien; au revoir, messieurs.

REPRISE DE L'ENSEMBLE.

Jusqu'au revoir, madame, etc.

SCÈNE VI.

LES MÊMES, excepté LES FOURNISSEURS.

CLORINDE, elle examine les notes.

A nous, maintenant, mon garçon; comment se porte-t-on chez vous?

MICHEL.

Vous êtes bien honnête, madame; ça va l'assez gentiment, si ce n'est pourtant que mon aînée a la fièvre chaude; oui, et ma seconde qu'a téu une indigéquesion de galette.

MONTGADIN.

Il fallait lui faire prendre du thé... moi, dans ces cas-là...

CLORINDE, bas.

Taisez-vous donc, monsieur... il est inutile que tout le monde sache... (Haut à Michel.) Il faut prendre garde.

MICHEL.

Oh! il n'y a pas de risques, elle en a l'habitude... quant au petit gas.
votre filleul, ça fera un luron; c'est fort comme un turc de trois ans.

CLORINDE, même jeu.

Tant mieux, il pourra vous aider sur vos vieux jours.

MICHEL.

Oui, mais en attendant, il faut nourrir tout ça; ça mange comme des
rats, et les temps sont si durs... comme je le disais à monsieur; pas vrai,
notre maître?   (Il le pousse du coude.)

MONTGADIN.

En effet... Michel me disait... (Bas.) Qu'est-ce que tu me disais donc?

MICHEL, bas.

Les inondations.

MONTGADIN.

Il paraîtrait que les inondations...

CLORINDE.

Comment cela; mais la rivière n'a jamais dépassé la propriété de M.
Fleuriot.

MICHEL, à part.

Ah! sapredienne... (Bas à Montgadin.) La sécheresse.

MONTGADIN.

Oui; mais il paraîtrait que la sécheresse...

CLORINDE.

Vous voulez rire... il a plu tout l'été.

MICHEL.

Non, c'est la neige que je voulais dire.

CLORINDE.

La neige, au mois de juillet?

MICHEL, à part.

Oh! queu bêtise! (Offrant sa dinde.) Si madame voulait accepter.

MONTGADIN.

Ah ça! mais, qu'est-ce que tu nous contes donc?

MICHEL.

Vrai... madame, si vous aviez vu mes foins... ça n'était pas mangeable.

CLORINDE.

C'est pour cela que vous les avez vendus plus cher que jamais à M.
Duval.

MICHEL, se grattant l'oreille.

Aie! aie! (Lui présentant sa dinde.) Si madame voulait accepter.

CLORINDE.

Avez-vous apporté l'ancien bail?

MICHEL, le tirant de sa poche.

Oui... et puis... j'ai aussi... madame verra. (Il lui donne les papiers; bas à
Montgadin.) Parlez-lui donc...

MONTGADIN.

Il paraîtrait aussi que ce pauvre Michel a éprouvé des pertes...et alors,
à cause de tout cela... il desirerait... (A Michel.) N'est-ce pas?

CLORINDE.

Je comprends; mais si vous écoutez, si vous croyez toutes les fables de
vos fermiers.

MONTGADIN.

Il paraîtrait, néanmoins...

MICHEL.

C'est pourtant bien sûr, madame.

CLORINDE, le regardant.

Quoi, sûr?.. quoi?.. voyons, expliquez-vous.

MICHEL, intimidé.

Je vais vous dire... il y a d'abord éu... les moutons.

CLORINDE.

Eh bien! les moutons?

MICHEL.

Eh bien!.. c'est la clavelée... elle a été terrible, la clavelée... ces pauvres bêtes...

CLORINDE.

Il vous en est mort dix sur trois cents, je le sais.

MICHEL, stupéfait.

Ah! (Offrant sa dinde.) Si madame voulait...

CLORINDE.

Après?

MICHEL, se grattant l'oreille.

Et puis... et puis...

MONTGADIN.

Va donc?

MICHEL.

Il y a téu aussi les chenilles... l'année a été très chenilleuse... et les hannetons donc, les hannetons donc...

MONTGADIN.

J'ai ouï dire, en effet, que ce petit volatile avait montré une voracité peu commune.

MICHEL.

C'est comme les pierrots et les corbeaux... Dieu! queux dégats, queux dégats! je ne sais pas pourquoi qu'ils viennent tous chez nous...

CLORINDE.

Tu ne le sais pas? (Lui frappant sur la joue avec le bail.) Mon garçon? je vais te le dire : c'est pour te rendre service... oui... pour t'aider à obtenir 500 francs de diminution sur ton bail. (Riant.) Ah! ah! ce brave Michel... c'est un rusé compère.

MICHEL, présentant sa dinde.

Si madame voulait accepter...

CLORINDE.

Volontiers... merci, mon garçon. (Elle met le bail dans le secrétaire et le ferme.) Mais nous causerons du bail dans la journée; il faut que je sorte.

MICHEL.

Vous consentez, n'est-ce pas?

CLORINDE.

A le renouveler aux mêmes conditions? certainement. (Elle sonne, Françoise paraît.) Mon châle, mon chapeau.   (Elle les met pendant ce qui suit.)

MICHEL.

Dites donc, notre maître.

MONTGADIN.

Ah! dam... qu'est-ce que tu veux... je n'avais pas réfléchi à tout ce que...

MICHEL.

Vous m'abandonnez?

MONTGADIN.

Eh non! mais, Clorinde t'a donné des raisons...

CLORINDE.

Mon ami... je vais jusques chez Mme Serval qui m'a fait prier de passer chez elle... Michel, attendez-moi, vous déjeunerez ici.

MICHEL.

C'est que... j'ai promis à mon cousin Pierre Lerouge.

CLORINDE.

Ah! si vous avez promis.

MICHEL.

C'est égal... j'accepte. (A part.) La cuisine de Mlle Françoise est plus copieuse, et le vin du bourgeois plus chenu.

CLORINDE.

Je passe par ici, c'est le plus court... surtout, mon ami, tenez-vous bien chaudement; couvrez-vous bien. Françoise, fermez les fenêtres, les portes. (A Montgadin.) Si vous continuez d'être bien raisonnable, on vous fera une tasse de chocolat, entendez-vous, Françoise?

MONTGADIN.

Du chocolat! j'aimerais bien mieux une aile de n'importe quoi.

CLORINDE.

Non, monsieur, non.

MONTGADIN.

Mais...

CLORINDE.

Mais, taisez-vous donc : vous êtes malade, et vous parlez toujours de manger, en vérité vous êtes pire qu'un enfant.

Air :

Mais il faut que je vous quitte,
Restez ici, ne sortez pas.

MONTGADIN.

Va ; mais reviens vite,
Pour assister à mon repas.

ENSEMBLE.

CLORINDE.	MONTGADIN.
Oui mes ami, je vous quitte,	A te hâter je t'invite,
Restez ici, ne sortez pas ;	Non, je ne sortirai pas ;
Je vais revenir bien vite,	Va, mais surtout reviens vite
Pour surveiller mon repas.	Pour assister à mon repas.
FRANÇOISE, à Michel.	MICHEL, à Françoise.
Allez, puisqu'ell' vous invite.	Pour un moment je vous quitte ;
Et croyez-moi, pressez le pas ;	Mais je saurai presser le pas,
Ici revenez bien vite,	Afin de revenir bien vite,
Je vais préparer le repas.	Ici partager leur repas.

SCÈNE VII.

MONTGADIN seul.

Chère Clorinde ! quelle femme... quel phénix de femme, et dire que c'est la mienne... une femme qui prend tout le fardeau du ménage et qui ne m'en laisse que les béatitudes ; car enfin... je ne fais rien... je ne m'inquiète de rien... je ne pense à rien... je mange quand je veux... je digère quand je... quand je peux... malheureusement, j'ai l'estomac si susceptible... et puis, j'aime tant la croûte de pâté... mais qu'est-ce que ça me fait... Clorinde n'est-elle pas toujours là pour me faire du thé... Ah ! Dieu ! qu'on est bien ainsi... les pieds sur les chenets... mon foulard sur les oreilles, enseveli dans ma douillette, et plongé dans cette dormeuse... mon journal entre mes mains et les yeux fermés... qu'on me fasse donc voir, maintenant, un mortel plus fortuné que moi... ô félicité conjugale... ô !.. si je m'assoupissais, ça me ferait prendre patience en attendant mon chocolat. (Il s'enfonce dans son fauteuil et fredonne :) « L'hymen est un lien charmant ! »

SCÈNE VIII.

MONTGADIN, DUPRAT.

DUPRAT.

Eh bien ! personne ici non plus ?

MONTGADIN, sans se déranger.

Qui est là ?

DUPRAT.

Ah ! enfin. voici quelqu'un.

MONTGADIN, même jeu.

Qui est là ?

DUPRAT.

M. Montgadin, s'il vous plait.

MONTGADIN.

Parlez à ma femme.

DUPRAT, s'approchant de lui et l'examinant.

Mais je ne me trompe pas, c'est lui-même. (Lui frappant sur l'épaule.) Hé ! Montgadin.

MONTGADIN.

Laissez-moi donc tranquille, vous voyez bien que je m'endors...

DUPRAT.

Mais...

MONTGADIN.

Ça ne me regarde pas. parlez à ma femme.

DUPRAT.

Allons, réveille-toi donc... et reconnais-moi... (Montgadin le regarde.) Je suis Duprat, ton ancien camarade de collége.

MONTGADIN, se levant.

Bah !.. Rodolphe Duprat, qui m'a donné tant de...

DUPRAT, lui frappant vivement sur l'epaule.

Juste.

MONTGADIN.

Oui, oui, c'est bien toi, je te remets parfaitement maintenant, et qu'est-ce qui me procure... (Il se frotte l'epaule.) le plaisir de te voir... d'où viens-tu?

DUPRAT.

Mais, d'assez loin, mon cher.

MONTGADIN.

Assieds-toi donc.

DUPRAT.

Merci, j'arrive de Constantinople.

MONTGADIN.

De Constan...ti... (Apportant une chaise.) Mais assieds-toi donc bien vite; comment peut-on arriver de Constantinople? et qu'est-ce que tu faisais dans ce pays-là?

DUPRAT.

J'étais employé à l'ambassade de France, il me semble te l'avoir écrit.

MONTGADIN.

Ah! oui, oui, il y a cinq ans de cela, je m'en souviens, c'était au moment de mon mariage.

DUPRAT.

Ainsi tu es marié?

MONTGADIN, se rengorgeant.

Je m'en fais gloire.

DUPRAT.

Comment cela? est-ce que aurais épousé... une princesse russe?

MONTGADIN.

Non, mon cher, mais j'ai épousé... une femme... oh! mais une femme... tu la verras, car tu vas passer quelques jours avec nous.

DUPRAT.

Volontiers, je suis appelé à Bayeux par quelques affaires et puis j'ai formé un projet, je te conterai cela en déjeunant... A quelle heure déjeunes-tu?

MONTGADIN.

Heu! heu!.. je ne puis pas te dire au juste, d'ordinaire c'est ma femme qui...

DUPRAT.

Je comprends; c'est que la route, la fatigue... ne pourrais-tu pas me faire donner quelque chose en attendant?

MONTGADIN.

C'est que... Clorinde est sortie, et à te dire vrai... comme c'est elle qui...

DUPRAT.

Eh bien, indique-moi du moins l'appartement que tu me destines, je profiterai de cet instant...

MONTGADIN.

C'est que... ma femme... je crois avoir entendu parler de réparations qu'elle fait faire à la maison, et à dire vrai, je ne pourrais pas t'indiquer au juste.

DUPRAT.

Dis-le-moi toujours à peu près.

MONTGADIN.

Franchement, je ne puis pas te le dire du tout: j'aime mieux te le dire tout de suite.

DUPRAT.

Que le diable t'emporte.

MONTGADIN.

Attends un peu, ma femme va rentrer.

DUPRAT.

Ta femme, ta femme, serait-ce elle que je viens d'apercevoir.

MONTGADIN.

Non, elle est sortie... des courses... des visites, je ne sais pas trop; tu auras vu ma nièce.

DUPRAT.

Ah! oui, ta nièce, une jeune personne fort intéressante.

MONTGADIN.

Comment sais-tu?

DUPRAT.

Il y a un mois, j'étais à Rouen, j'accompagnais un de mes amis qui allait conduire sa fille chez Mme Berthaud.

MONTGADIN.

La maîtresse de pension d'Adèle, c'est là que tu l'auras vue.

DUPRAT.

Précisément; j'appris que c'était ta nièce, et l'on m'en dit un bien, on m'en fit un éloge, et comme depuis mon retour, j'ai des idées de mariage.

MONTGADIN.

Vraiment!

DUPRAT.

Oui, et puis c'était un moyen de me rapprocher d'un ancien ami. (Il lui serre la main.) Je me suis dit : j'irai voir Théodore, c'est un bon enfant, je suis assez bien tourné, dit-on, j'ai quelques économies, je ferai le bonheur de cette jeune fille; c'est sans doute quelque pauvre orpheline recueillie par cet excellent Montgadin?

MONTGADIN.

Adèle, pauvre? allons donc, elle aura quinze mille livres de rente.

DUPRAT.

Ah! vraiment? (A part.) Très bien, on ne m'avait pas trompé. (Haut.) Mais tu avais peut-être déjà des projets.

MONTGADIN.

Moi? non du tout, c'est-à-dire, je n'en sais rien, je demanderai à ma femme.

DUPRAT.

Ta femme, il me semble que ça te regarde plus qu'elle, c'est ta nièce et non la sienne; mais nous en reparlerons, j'ai quelques courses à faire, j'ai bien envie de m'en débarrasser; tu devrais bien venir avec moi.

MONTGADIN.

Moi? oh! non, Clorinde ne veut pas que je sorte.

DUPRAT.

Comment? Ah ça! mais on dirait que tu ne peux rien faire...

MONTGADIN.

Sans elle, précisément; parce que vois-tu, c'est elle qui se mêle de tout cela.

DUPRAT.

Et toi?

MONTGADIN.

Moi, c'est différent, je ne me mêle de rien, voilà l'avantage d'avoir une femme, mon ami.

Air de l'Écu de six francs.

Oui, mon cher, dans un bon ménage,
Tu le sais aussi bien que moi,
Travail, repos, tout se partage;
Je m'en trouve fort bien, ma foi,
Je m'en trouve très bien, ma foi.
Ah! c'est une excellente chose,
Cette loi chez nous a son cours,
Ma femme travaille toujours,
Et moi toujours je me repose.

DUPRAT.

Et tes affaires?

MONTGADIN.

C'est elle.

DUPRAT.

La gestion de tes biens?

MONTGADIN.

C'est encore elle.

DUPRAT.

Mais.

MONTGADIN.

Toujours elle, mon ami, c'est une femme phénoménale, te dis-je, c'est un Napoléon en petit bonnet, elle fait tout, dirige tout... Clorinde a manqué son état: elle devrait être reine ou impératrice.

DUPRAT.

Fort bien, je commence à comprendre ce qu'un de tes voisins avec qui j'ai voyagé m'a dit ce matin, je vois que c'est la vérité, tu te laisse mener, on te conduit à la lisière comme un marmot... (Mouvement de Montgadin.) On t'opprime et tu ne t'en doutes pas, parce qu'on s'y prend adroitement; mais malheureux, tu es en puissance de femme... tout ce qu'il y a de plus humiliant, tu as laissé tombé l'autorité maritale en quenouille, aveugle que tu es.

MONTGADIN.

Qu'est-ce que ça fait, si je suis heureux.

DUPRAT.

Mais tu ne l'es pas, mais tu ne peux pas l'être, dans l'état d'esclavage où je te vois plongé, tu ravales ta dignité d'homme.

MONTGADIN.

Tu crois que je...

DUPRAT.

Eh! sans doute... ah! ça te mènera loin si tu continues, tu verras plus tard... Ah! ce pauvre ami... Il ne te manque plus que de te coiffer d'une cornette et de prendre au ridicule... tu me diras que tu en as déjà bien assez comme ça.

MONTGADIN.

Hein?

DUPRAT.

Mais tu dois être la risée de la toute ville.

MONTGADIN.

Par exemple! si je le savais!

DUPRAT, riant.

Ah! ah! ce pauvre garçon qui n'ose pas franchir le seuil de sa porte sans la permission de sa femme.

MONTGADIN.

C'est-à-dire...

DUPRAT.

Ah! ah! qui ne peut pas donner une chambre à son meilleur ami, ou disposer de la main de sa nièce sans consulter sa femme.

MONTGADIN.

Eh! si.

DUPRAT.

Eh! non.

MONTGADIN.

Eh! si.

DUPRAT.

Je t'en défie bien.

MONTGADIN.

Tu verras.

DUPRAT, à part.

C'est cela, il y vient, et quand il se met quelque chose dans la tête, il est comme tous les hommes faibles... d'une témérité...

MONTGADIN.

Tu dis?

DUPRAT.

Je dis que le dernier des charbonniers est maître chez lui, et toi tu n'es qu'un zéro... une machine... un ilote... un nègre, quand tu devrais commander, ordonner.

MONTGADIN.

Au fait, c'est juste, je n'avais jamais pensé à ça.

DUPRAT.

Madame sort, va faire des visites; toi, tu restes ici à veiller les tisons, tu gardes la maison, tu rampes, tu végètes comme une plante.

MONTGADIN.

C'est qu'il a raison, et moi qui n'avais jamais pensé...

DUPRAT.

Et tu appelles cela être heureux.

MONTGADIN.

Du tout, par exemple!

DUPRAT.

Quand on te mène comme un petit garçon; dis donc... (Ricanant.) Est-ce que ta femme ne te met pas quelquefois au pain sec?

MONTGADIN.

Ma foi, ma foi, je le préférerais encore à cette maudite diète.

DUPRAT.

La diète, ah! ah! allons donc, usage pernicieux et débilitant, imite-moi, mon ami, bois de bon vin.

MONTGADIN.

Je ne demanderais pas mieux, mais ma femme dit que ma santé...

DUPRAT.

Bon! il ne lui manquait plus que de te traiter comme un infirme.

MONTGADIN.

Un infirme!

DUPRAT.

Allons, morbleu! du cœur, relève la tête, brise tes fers, redeviens le maître, fais tes affaires toi-même, commande ici et... et marie ta nièce à ton gré, choisis un bon enfant qui la rende heureuse, très-heureuse.

MONTGADIN.

Eh bien! oui.

DUPRAT.

Bah! tu consens?

MONTGADIN.

Non... je dis oui, je brise mes fers, je me révolte, je romps mes chaînes, je casse les vitres, je les foule aux pieds, parce qu'après tout ça doit être amusant de commander; je n'avais jamais pensé à ça, et puis enfin je ne veux pas qu'on me montre au doigt comme une bête... curieuse.

DUPRAT.

A la bonne heure! ainsi tu es bien décidé.

MONTGADIN.

Très décidé... résolu! sapristi! n'est-ce pas assez de cinq années d'es-clavage! dire que j'ai passé cinq ans dans les fers sans m'en apercevoir, l'habitude du malheur m'avait blasé sur mon état... Ah! mon ami, mon rédempteur, car tu es mon rédempteur, toi! aussi, tu vas rester, je le veux, je te ferai donner une chambre, la plus belle.

DUPRAT.

C'est bien, mais veux-tu m'accompagner.

MONTGADIN.

Non, je l'attends, je veux parler à Clorinde.

DUPRAT.

Tiens! regarde... là-bas...

MONTGADIN, effrayé.

C'est elle... Oh! c'est elle, mon ami.

DUPRAT.

Eh bien! je te quitte.

MONTGADIN.

Non, reste, tu me soutiendras...toi qui viens de la patrie du grand Turc, tu dois avoir l'habitude...

DUPRAT.

Non, il vaut mieux lui laisser croire que cela vient de toi... cela te fera plus d'honneur.

MONTGADIN.

Tu crois ça... au fait, c'est juste; je ne pensais pas à ça; mais tu vas re-

venir déjeuner, et pour célébrer le jour de mon émancipation, je donne
un grand dîner.   (Il écrit.

DUPRAT.

Mais ta femme?..

MONTGADIN.

Laisse donc... je vais donner des ordres.

DUPRAT.

Très bien!.. Au revoir!   (Il sort.)

SCÈNE IX.

MONTGADIN, FRANÇOISE, puis MICHEL.

MONTGADIN, sonnant.

Françoise. (Frappant du pied.) Françoise. (Elle entre.) **Allons donc, allons
donc, Françoise!**

FRANÇOISE.

Eh! mon Dieu! qu'est-ce qu'il y a donc?.. j'ai cru que vous étiez tombé
dans le feu!

MONTGADIN, criant.

Il y a, il y a... pourquoi n'êtes-vous pas venue tout de suite?

FRANÇOISE.

J'étais occupée.

MONTGADIN, plus fort.

Occupée... occupée... vous êtes toujours occupée quand on vous appelle!
                                                            (Il tousse.)

FRANÇOISE.

Je faisais le déjeuner de M. Michel.

MICHEL, entrant.

Ah! bon, ah! bon, bon... ça ne me fera pas de mal, j'ai l'estomac qui
crie vengeance.

MONTGADIN.

Eh bien!

MICHEL.

Plaît-il!

MONTGADIN.

Eh bien! après... qu'est-ce que tu veux?

MICHEL.

Je veux... que madame m'a invité à déjeuner.

MONTGADIN.

C'est possible; mais je ne t'ai pas invité, moi, et tu peux aller chercher
ta pâtée ailleurs.

MICHEL.

Ma pâtée ailleurs... et oùs que c'est ça?.. puisque je viens de remercier
Pierre Lerouge et qu'il doit être parti.

MONTGADIN.

Tant pis pour toi!

FRANÇOISE.

Mais puisque madame...

MONTGADIN.

Madame, madame... madame a eu tort... je suis le maître... et j'entends,
et je prétends qu'on m'obéisse... Ah! ah!

FRANÇOISE, le regardant avec inquiétude.

Ah ça! mais...

MONTGADIN, à Michel qui lui parle.

Oui, je suis le seul maître ici.

FRANÇOISE.

Ah! mon Dieu! est-ce qu'il aurait quelque chose de dérangé.

MICHEL.

Ah! très bien! notre maître; voilà ce que je lui disais ce matin:
l'homme ça doit être comme qui dirait le roi dans son ménage, il faut
que le chapeau soit à la tête de la maison.

MONTGADIN.

Très bien... touche là mon garçon... je t'estime... tu déjeuneras avec
moi.

MICHEL.

Avec plaisir, notre maître: mais, voyez-vous, moi, pour ce qui est du chocolat.

MONTGADIN.

Et qu'est-ce qui te parle de chocolat... non, non, du pâté... de la croûte de pâté... du jambon... du homard... Oh! du homard...

FRANÇOISE.

Miséricorde! vous voulez donc vous détruire?

MONTGADIN.

Ça ne vous regarde pas... vous irez m'acheter un homard... je veux du homard... j'en veux beaucoup... allez... allez...

FRANÇOISE.

Non, monsieur.

MONTGADIN.

Françoise, ne m'exaspérez pas... courez vite.

FRANÇOISE.

Non, monsieur.

MICHEL.

Eh bien! j'y vais; moi, j'y vais, je passe de votre côté... parce que entre maris... entre s'hommes, il faut se soutenir!

MONTGADIN.

A merveille!.. va! et apportes-en deux, chacun un... ah! attends. (Il écrit vivement deux ou trois lettres.) Tu porteras ces lettres en même temps... ce brave Michel... sois tranquille, je ne t'oublierai pas.

MICHEL.

Ni mon bail non plus.

MONTGADIN.

Certainement... tiens...

Air : Ayez en moi confiance. (PROSPER ET VINCENT.)

Vite, car la faim me presse.
Obéis, mais sans retard ;
Mon cher, cela t'intéresse,
Tu dois en avoir ta part.

MICHEL.

Votre fermier fidèle,
Toujours vous obéit ;
Comptez donc sur son zèle,
A part.) Et sur son appétit.

ENSEMBLE.

MICHEL.	FRANÇOISE, à Michel
J'y cours, la faim me presse,	Ah! je vais à ma maîtresse,
Et j'obéis sans retard ;	De tout cela faire part ;
Car ce repas m'intéresse,	Et de cette hardiesse,
Puisque j'en aurai ma part.	Ell' vous punira plus tard.

MONTGADIN.

Vite, car la faim me presse, etc.

MONTGADIN, sortant, à Françoise.

Et vous, à votre cuisine, tout de suite... je le veux, je l'ordonne.

FRANÇOISE.

C'est fini! il est fêlé pour sûr, il est très fêlé.

SCÈNE X.

MONTGADIN, puis CLORINDE.

MONTGADIN.

Ah! c'est elle... nous allons voir. (Marchant.) Ah! je suis la risée de toute la ville... ah! je suis un serin... nous allons voir...

CLORINDE.

Eh bien! eh bien, que faites-vous donc là, mon ami... pourquoi n'êtes-vous pas auprès du feu...

MONTGADIN, résolûment.

Parce que!..

CLORINDE.

Mais, que vois-je!... et votre chocolat, Françoise ne l'a donc pas encore
fait ?

MONTGADIN.

Non.

CLORINDE.

Pourquoi donc cela ?

MONTGADIN.

Parce que je n'en veux pas.

CLORINDE.

Mais il est temps de déjeuner.

MONTGADIN.

Et si je ne veux pas déjeuner, moi !

CLORINDE.

Mais il est onze heures, vous devez avoir faim.

MONTGADIN.

Ah ! je dois... et si je ne veux pas avoir faim, moi.

CLORINDE.

Vous dites ?

MONTGADIN.

Eh bien ! non... je n'ai pas faim... je ne mangerai pas... je ne déjeunerai
pas... je mangerai quand ça me fera plaisir...demain... après-demain... la
semaine prochaine... à Pâques... ou à la Trinité...

CLORINDE, l'examinant.

Ah ça... que signifie...

MONTGADIN.

Ça signifie... ça signifie que mon estomac m'appartient... c'est ma propriété, et je ne veux pas qu'on en dispose comme d'un four bannal, où le
premier venu peut introduire à toute heure ce qui lui fait plaisir...

CLORINDE.

Qu'entends-je ?

MONTGADIN.

J'y mettrai ce que je voudrai... ce qui me conviendra le mieux... à l'heure
qui me plaira.

CLORINDE.

Mais en vérité, mon ami, je vous écoute depuis dix minutes sans vous
comprendre.

MONTGADIN, avec ironie.

Ceci prouve peu en faveur de votre intelligence, chère amie.

CLORINDE.

Monsieur...

MONTGADIN.

Enfin... je ne veux pas déjeuner... je ne déjeunerai pas... est-ce assez
clair.

SCÈNE XI.

Les Mêmes, MICHEL.

MICHEL, qui a entendu les derniers mots.

Hein? ah ! par exemple... en voici bien d'une autre à présent. (Haut.) Ah
ça ! et moi; moi qui les ai commandés...

MONTGADIN.

Qui! quoi?

MICHEL.

Les zhomards.

MONTGADIN.

Ah! oui... oui... mais je ne veux rien prendre. (Bas.) Dès qu'ils seront ici,
tu m'avertiras.

CLORINDE.

C'est singulier, qu'ont-ils donc à se dire. (Haut.) Ainsi, mon ami, vous
refusez votre chocolat.

MONTGADIN.

Parfaitement... allons donc, du chocolat.

MICHEL.

Fi donc ! c'est bon pour votre chat.

CLORINDE.

Michel, taisez-vous.

MICHEL.

Faut-il me taire, notre maître?

CLORINDE.

Silence! vous dis-je... et laissez-nous... sortez...

MICHEL.

Faut-il sortir sortir? notre maître.

MONTGADIN.

Non, non; et les invitations?

MICHEL.

C'est fait... on viendra.

CLORINDE.

Qui cela?

MONTGADIN.

Ah! c'est juste. (Prenant un ton de maître.) Chère amie... je donne aujourd'hui un dîner de douze couverts.

CLORINDE.

Comment, encore? la plaisanterie peut vous paraître fort spirituelle, mon ami; mais je la trouve un peu longue et de fort mauvais goût.

MONTGADIN.

Je ne plaisante pas, madame.

CLORINDE.

Ah! alors, monsieur, il faut que je sache. (A Michel.) Sortez, sortez donc.

MONTGADIN.

Reste.

CLORINEE.

Je vous ordonne de sortir.

MONTGADIN.

Je t'ordonne de rester.

MICHEL.

Je reste.

ENSEMBLE.

Air : Téméraire.

CLORINDE.		MONTGADIN, à Clorinde
Du silence!		Ah! silence!
Sortez,	(A Michel.	Parlez
Redoutez		Et restez,
Ma vengeance,		Ma présence.
Partez, éloignez-vous,		Contre son fier courroux,
Ou craignez mon courroux.		Vous protégera tous.

CLORINDE.

Michel, sortez, je le veux, fermez la porte du vestibule que vous avez laissée ouverte.

MONTGADIN.

Ne la ferme pas.

CLORINDE, à part.

Ah! quelle patience... (Haut.) Mon ami, il fait très froid.

MONTGADIN.

Moi, je trouve qu'il fait trop chaud... j'étouffe. Michel, ouvre les portes, ouvre les fenêtres.

CLORINDE.

Mais perdez-vous l'esprit? enrhumé comme vous l'êtes.

MONTGADIN.

Je ne suis pas enrhumé.   (Il tousse.)

CLORINDE.

Là, vous voyez?

MONTGADIN.

C'est une toux d'échauffement... c'est nerveux, vous me contrariez... vous m'agacez... vous me crispez...   (Il tousse.)

CLORINDE, avec douceur en lui préparant une tasse de tisane.

Allons, calmez-vous, car en vérité je ne conçois rien... (Elle lui présente la tasse.) Tenez, buvez cela... vite donc, monsieur, je le veux, dépêchez-vous.   Montgadin prend la tasse machinalement et se prépare à boire.

MICHEL, bas.

Eh bien! qu'est-ce que vous faites donc, notre maître.

MONTGADIN.

Comment!.. ah! oui, comment!! je le veux... de la tisane... de la tisane!
je la repousse... (Avec indignation.) Je la méprise... (Il jette la tisane dans le feu.)

CLORINDE.

Ah! monsieur, monsieur, c'en est trop, si vous avez entrepris de me
pousser à bout, si c'est une gageure, je vous déclare que vous êtes bien
près de la gagner, vous pouvez faire tout ce que vous voudrez.

MONTGADIN.

C'est bien comme cela que je l'entend.

AIR : Ces postillons sont d'une maladresse.

Oui, c'en est fait, mon ame grande et fière
S'indigne, enfin, d'un joug aussi honteux,
Je veux agir et vivre à ma manière,
Je veux... je veux... pouvoir quand je le veux,
Dire : je veux... voilà ce que je veux !
Je ne veux pas qu'on puisse encore dire
Qu'à la lisière on me conduit...

CLORINDE.

Allons,
Je vois, monsieur, qu'il faudra vous conduire
Aux petites maisons.

MONTGADIN.

Qu'est-ce que vous dites?.. silence! oui, madame, oui, j'ai ouvert les
yeux... je suis le mari... je suis le maître.

CLORINDE.

Quel langage!.. mais c'est inconcevable, il faut que quelqu'un vous ait
monté la tête.

MONTGADIN.

Ah! c'est-à-dire que vous me croyez incapable... d'avoir une volonté,
n'est-ce pas... je suis une machine, une plante, n'est-ce pas... un infirme?
Ah! oui dà! un infirme... et à qui la faute, quand vous me tenez plongé
dans l'eau de riz, dans l'eau d'orge, dans l'eau de gomme et dans toutes
les eaux imaginables, sans compter les sirops... les... Mais attendez... (Il
ouvre la fenêtre et jette les pots de tisane, les flacons de sirop.) Allez donc... allez.

MICHEL, prenant la tasse et la jetant.

Faut-il vous donner un coup de main, notre maître?

MONTGADIN et MICHEL.

Allez donc.

CLORINDE, se croisant les bras.

Très bien, fort bien, continuez...

MONTGADIN.

Ah! un infirme!.. (Il ôte son foulard et le jette par terre. Et allez donc...
(Otant sa robe de chambre.) Michel, donne-moi mon habit, je veux sortir, je
vais me promener.

CLORINDE.

Non, monsieur, non, je ne vous le permettrai pas.

MONTGADIN.

Qu'est-ce que c'est?

CLORINDE.

Non, certainement, et si décidément vous êtes fou, je dois m'opposer...

MONTGADIN, avec dignité.

Fou! M⁰ᵉ Montgadin, vous me manquez de respect.

MICHEL.

C'est vrai, et si ma ménagère se permettait jamais...

MONTGADIN.

Michel, donne-moi mon pantalon de nankin.

CLORINDE.

Monsieur.

MONTGADIN.

Mon pantalon de nankin, vite que j'aille voir mes ouvriers... (Appuyant en
regardant sa femme.) Mes ouvriers, mon pavillon ne me plaît pas ainsi, je

veux un pavillon chinois, un pavillon algonquin, un kiosque... (A Michel.) Mon chapeau, non, je n'en ai pas besoin... Ah! ah! ça vous étonne, chère amie, c'est pourtant comme ça... Ah! je ne suis rien... Ah! on se moque de moi dans la ville?

CAROLINE.

Qui vous dit cela?

MONTGADIN

Qui?.. je le sais, je le sais; au revoir...

CLORINDE.

Monsieur, je vous préviens qu'il y a beaucoup de verglas, vous tomberez, vous vous ferez mal.

MONTGADIN.

Je tomberai si je veux, je me ferai mal... si ça me fait plaisir... (A Michel. Donne-moi ton bras, Michel, mon bon Michel, viens; à mon retour, je signerai le bail de ma ferme... (Regardant sa femme.) De ma ferme, à moi... (A Clorinde qui garde le silence.) Qu'est-ce que vous dites?

CLORINDE.

Moi?.. rien, monsieur.

MONTGADIN.

Silence!.. je ne souffrirai pas d'observation... (Même jeu. Hein! silence!.. je suis le maître, j'ai la loi... le code est là, je suis le maître, ça m'est permis... j'ai l'autorisation.

CLORINDE.

Eh! mon Dieu, monsieur, si c'est là où vous vouliez en venir, il était inutile de faire tant de bruit, il fallait le dire tout de suite; vous le voulez, soyez le maître, j'y consens.

MONTGADIN.

Oh! j'y consens, dis donc, Michel, j'y consens... parbleu!

CLORINDE.

Ordonnez, commandez, mon Dieu, je ne demande pas mieux; tenez, voici les clés. (Elle lui remet deux énormes trousseaux de clés; Montgadin les regarde avec embarras.) Oh! vous pouvez les compter, elles y sont toutes, il y en a soixante-quinze... (Avec volubilité.) Voici celles de la lingerie, du bûcher, de la bibliothèque, du buffet, du secrétaire, de la cuisine, du fruitier, de la commode, des trois placards, du garde-manger... (Montgadin la regarde d'un air hébété.) de la chambre verte, du cabinet jaune, du grenier, de la cave, du caveau...

MICHEL.

Remarquez bien, remarquez bien, notre maître.

CLORINDE.

Voici celles de la buanderie, du jardin, de l'argenterie, du coffre aux liqueurs...

MONTGADIN.

Et cœtera, et cœtera... c'est bien.   (Il la met dans sa poche.)

CLORINDE.

Et maintenant, je vous déclare que je ne suis plus responsable de rien...je ne me mêle plus de rien... Allez, monsieur, commandez, j'obéirai.

MONTGADIN.

C'est cela! bravo!.. Ah! enfin, je reprends donc mon rang d'homme...je suis affranchi!

AIR : Assez dormir, ma belle.

Je ne suis plus esclave;
C'en est fait, plus d'entrave,
Telle est ma volonté!
Pour moi, quelle victoire!
Quel honneur, quelle gloire!
Je tiens ma liberté.

C'est en vain qu'on espère
Sous un joug trop sévère,
Encor me retenir;
Ah! je ferai connaître,
Qu'ici je suis le maître;
Femme, il faut m'obéir.

ENSEMBLE

<table>
<tr><td>

MICHEL.

Vous n'êtes plus esclave ;
Oui, brisez votre entrave.
Faites vot' volonté
Pour lui, quelle victoire !
Quel honneur, quelle gloire !
Il a sa liberté.

</td><td>

CLORINDE, avec ironie.

Oui, brisez votre entrave,
Monsieur, faites le brave ;
Ah ! quelle absurdité !
Chantez votre victoire,
Célébrez votre gloire,
J'en ris, en vérité !

</td></tr>
</table>

MONTGADIN.

Je ne suis plus, etc.

Viens, viens, Michel... Ah ! il me semble déjà que je respire plus librement. *(Il tousse très fort.)*

CLORINDE.

En effet.

MONTGADIN.

Viens ! *(Il sort en chantant.)* ALLONS ENFANS DE LA PATRIE, etc.

SCÈNE XII.

CLORINDE, seule.

Je ne reviens pas de ma surprise... un tel changement !.. Mais que s'est-il donc passé pendant mon absence ? Impossible de s'en faire écouter... il est dans un état d'exaspération... lui, si doux ordinairement, si calme, et même si... *(Avec précaution.)* si faible... je puis bien dire ça, puisque personne ne m'écoute. Eh bien ! le voilà devenu tout à coup, taquin, grondeur, presque brutal ; il m'a fallu une patience... il aurait mérité que je... mais je suis trop indulgente... l'ingrat !.. me reprocher mes attentions, comme si tout ce que je fais n'est pas pour lui, pour sa santé, son repos. Ah ! les hommes ! les hommes !.. quels fous, quels écervelés !.. si nous n'étions pas plus raisonnables qu'eux... enfin... *(Allant à la fenêtre.)* Ah ! le voilà... auprès du pavillon... un étranger vient à lui. Que vois-je ? mais non, je ne me trompe pas... c'est M. Rodolphe... oui, lui-même... mon mari l'accueille sans étonnement, comme s'ils s'étaient déjà vus... ils regardent par ici... M. Montgadin gesticule... *(Elle l'imite.)* On dirait qu'il parle de moi... M. Rodolphe a l'air d'approuver ce qu'il dit, plus de doute, c'est bien cela, je n'ai pas besoin de chercher davantage, je sais à qui je dois la nouvelle résolution de M. Montgadin... heureusement, je sais le moyen... ils reviennent ensemble... Ah ! M. Rodolphe, vous vous êtes conduit de la façon la plus indigne envers ma famille et moi ; et vous venez encore six ans après jeter le trouble dans mon ménage... mais dans quel but, pourquoi ?.. je le saurai... les voici, si je pouvais... oui, c'est cela. *(Elle entre dans la chambre à droite.)*

SCÈNE XIII.

CLORINDE, cachée. MONTGADIN. DUPRAT. MICHEL, puis ADÈLE.

MONTGADIN.

Je te dis que si, je le veux, je l'ai mis dans ma tête, tu l'épouseras. *(Il va sonner.)*

CLORINDE.

De qui parle-t-il ?

MONTGADIN, à la porte de droite.

Eh bien ! eh bien ! Françoise !.. Françoise ! Mme Montgadin... *(Avec colère.)* Madame... voyez si elles viendront !.. *(Apercevant Adèle qui accourt.)* Ah ! c'est toi, mon enfant.

MICHEL, entrant avec un plat de homards.

Tenez, notre maître, voilà le chose, c'est tout prêt.

MONTGADIN.

Bien bien... mets la table... Adèle va t'aider, n'est-ce pas ?

ADÈLE.

Volontiers, mon oncle. *(Elle va au buffet et met le couvert avec Michel.)*

MONTGADIN.

C'est cela, à la bonne heure, voilà de l'obéissance... *(Retournant à la porte de droite et criant.)* Les autres prendront peut-être aussi l'habitude d'obéir, morbleu !..

DUPRAT.

Allons, allons, calme-toi.

MONTGADIN, même jeu.

C'est qu'il faut que ça finisse, sapristi!   (Il tousse.

DUPRAT.

Ainsi, tu es certain que ta nièce?..

MONTGADIN.

Tu l'épouseras, te dis-je!

ADÈLE, à part.

Ciel!..

CLORINDE, à part.

Qu'entends-je?..

DUPRAT.

Mais madame Montgadin?..

MONTGADIN.

Ma femme?.. ma femme, ne dira rien.

(Duprat salue.

CLORINDE, à part.

C'est ce que nous verrons.

MONTGADIN.

Je lui ordonnerai de se taire et...

CLORINDE, paraissant à côté de lui.

Et elle parlera.

MONTGADIN, poussant un cri étouffé.

Ah! ah! mon Dieu... (Avec résolution.) C'est à dire, non, je n'ai pas peur...
(A part.) C'est plus fort que moi, dès que je l'entends... c'est l'effet de l'habitude... allons, allons, morbleu! (A Duprat.) Mon cher Duprat, je te présente madame Montgadin.

DUPRAT, saluant.

Madame... (S'arrêtant stupéfait, à part.) Ah! que vois-je!..

MICHEL.

Venez-vous, notre maître?..

MONTGADIN, bas à sa femme.

J'espère, madame, que vous ne ferez pas de scène scandaleuse devant
des étrangers.

CLORINDE.

Des scènes?.. ah! monsieur.

MONTGADIN.

J'y compte sans cela. Brrr!..   (Il va se mettre à table.)

DUPRAT.

C'est bien elle!.. fâcheuse rencontre... allons, de l'assurance, feignons
de ne pas la reconnaître.

MONTGADIN.

A table donc!.. Mme Montgadin, est-ce que ces homards ne vous ten-
tent pas?

MICHEL.

Ils sont pourtant bien appétissans.

CLORINDE.

Des homards?

MONTGADIN.

Ah! ce pauvre Michel que j'oubliais! tends-moi ton assiette.

MICHEL, se précipitant à table.

Avec plaisir notre maître.

CLORINDE, qui s'est approchée de la table.

Du homard!.. y pensez-vous... mais, monsieur...

MONTGADIN, qui allait servir Michel, s'arrête.

Silence!..

CLORINDE.

Mais, mon ami... mais, monsieur, il va se tuer... du homard!.. quand
vous ne pouvez pas même digérer un œuf à la coque!..

DUPRAT.

Ne craignez rien, madame, avec quelques verres de bon vin.

(Il offre du vin. Montgadin, qui allait servir Michel, s'arrête encore, celui-ci avance et retire
son assiette d'un air désespéré.

MONTGADIN.

C'est ça, du bon vin... bonum vinum. Ah! ah! te rappelles-tu?..

CLORINDE.

Il vont le griser!.. mon ami, vous savez bien que ce vin est très capi-
teux et qu'il ne vous en faut qu'un doigt.

MONTGADIN, à Duprat.

A ta santé, mon neveu!.. car tu vas être mon neveu.

CLORINDE.

Votre neveu.

MONTGADIN.

Parbleu! puisqu'il épouse ma nièce.

CLORINDE, vivement.

C'est impossible! mon ami, j'en demande mille pardons à monsieur; mais
il faut que je vous parle, veuillez me suivre.

DUPRAT, à part.

Ah! diable! (Arrêtant Montgadin qui se levait machinalement.) N'y va pas. (Haut.)
A ta santé, tu ne bois pas?

MONTGADIN.

C'est vrai...

CLORINDE.

Je ne vous demande que deux minutes.

MONTGADIN.

Moi, que je me dérange? non, non.

CLORINDE.

Alors, je m'expliquerai donc devant monsieur... je vous dirai...

MONTGADIN.

Quoi donc?
(Michel prend l'assiette de Montgadin qui est encore chargée et lui donne la sienne.)

CLORINDE.

Adèle, laissez-nous, mon enfant; Michel, sortez.

MICHEL, qui allait manger.

Plait-il? (Clorinde lui fait signe de sortir.) Ah! mais ça devient révoltant!

MONTGADIN.

Restez tous... je le veux.

CLORINDE, indignée.

Ah! monsieur, monsieur; ainsi vous refusez de m'entendre... il suffit...
c'est la dernière fois que je cherche à vous rendre à la raison... je vous
abandonne à vous-même; ainsi donc, à votre aise, monsieur, faites toutes
les sottises qu'il vous plaira.

MONTGADIN, se levant.

J'en ferai si je...

CLORINDE.

Oh! vous êtes homme à profiter largement de la permission, je n'en
doute pas; continuez... buvez, mangez, bourrez-vous de homard... don-
nez-vous-en une bonne indigestion... mais s'il n'y a que moi pour vous
faire du thé.

MONTGADIN.

On s'en passera... on s'en passera, madame.

MICHEL, la bouche pleine.

On s'en passera très bien.

CLORINDE, bas à Adèle.

Viens Adèle. (A part. Ah! grand enfant, vous vous révoltez.
(Elle le menace du doigt, il se retourne; elle sort avec Adèle.)

MONTGADIN, à Duprat.

A ta santé! (Criant la bouche pleine.) On s'en passera de votre thé.

MICHEL.

Ah! ah! du thé... je n'en voudrais pas pour mes pigeons.

SCENE XIV.

LES MÊMES, excepté CLORINDE et ADÈLE.

MONTGADIN.

Elle est vexée! ah bien! oui, du thé. (Leur versant du vin. Allons, Duprat!
Allons, Michel.

MICHEL, trinquant avec lui.

Allons, not' maître.

MONTGADIN.

Et vive la joie! mangeons, buvons, trinquons.

Air de la Fiole de Cagliostro.

Moment aimable!
Oui, de la table,
Mes chers amis savoûrons le plaisir!
Vite il faut boire
A ma victoire!
Fêtons le jour qui me vit affranchir

MONTGADIN.

Moment aimable, etc.

MICHEL et DUPRAT.

Moment aimable!
Oui, de la table,
ENSEMBLE.   Mon cher ami, savoûrons le plaisir;
Moi, volontiers, je goûte le plaisir!
Vite il faut boire,
A sa victoire!
Fêtons le jour qui le vit affranchir.

MICHEL.

A la vôtre, notre maître!   (Il lui parle bas.)

DUPRAT, à part, se levant de table.

Ce sera plus difficile que je ne le pensais, elle me garde rancune; si je pouvais lui parler... peut-être parviendrais-je à l'appaiser.

MONTGADIN, à Michel.

Mais certainement, mon garçon... je l'ai promis, et je le signerai.

MICHEL.

Chut! pas si fort!

MONTGADIN.

Parce que? laisse donc. (Allant crier au fond.) Je signerai, je parapherai tout ce que je voudrai... ah! (A Michel.) Où est-il ton bail?

MICHEL, montrant le secrétaire.

Là-dedans.

MONTGADIN.

Ah! oui... mais...

MICHEL.

Vous avez les clés.

MONTGADIN.

C'est vrai... je ne pensais pas à ça. (Il essaie plusieurs clés. Attends... non, ce n'est pas ça... ni ça... ni ça...

MICHEL, qui en essaie de son côté.

Ni ça, ni ça.

DUPRAT, regardant le fond.

Ils sont occupés... si j'osais...

SCÈNE XV.

LES MÊMES, FRANÇOISE.

FRANÇOISE, s'approchant de lui avec précaution.

Monsieur...

DUPRAT.

Eh bien!

FRANÇOISE, lui donnant une lettre.

De la part de madame.

DUPRAT, étonné.

Ah! donnez...

FRANÇOISE.

Voyez si je ne me trompe pas, parce que en voilà une autre.

DUPRAT.

Celle-ci est bien pour moi.

FRANÇOISE.

Bon !   (Elle lui fait signe de se taire et sort.)

SCÈNE XVI.

Les Mêmes, excepté FRANÇOISE.

MONTGADIN, se querellant avec Michel.

Mais si... mais si... tiens, tu vois bien... Ouf! je suis en nage.

MICHEL.

C'est pas l'embarras, si toutes les serrures de votre maison vous donnent autant de mal.   (Montgadin cherche dans les papiers.)

DUPRAT, interrompant sa lecture.

C'est bien cela... elle est piquée... elle m'en veut encore... Ah! comment ?.. elle désire avoir un instant d'entretien avec moi ; oui, dans le jardin, auprès du pavillon... à merveille! c'est aller au-devant de mes vœux.

(Il va sortir.)

MONTGADIN.

Eh bien! où cours-tu donc?

DUPRAT.

Je... je vais faire un tour de jardin... ton diable de vin...

MONTGADIN.

Attends-moi...

DUPRAT.

Non, oh! non, mon cher, et ton rhume... garde-toi bien de sortir, je te rejoindrai... (Michel veut prendre une énorme liasse de papiers que tient Montgadin et la laisse tomber par terre.)

MONTGADIN.

Ah! le maladroit! (Duprat profite du moment pour s'échapper. Michel veut ramasser les papiers et les éparpille.

MONTGADIN.

Bon, bon !.. ah! bien! mais pas comme ça donc. (Il veut lui aider, et bouleverse tout à son tour.) Ah! ciel!.. ah! ciel! quel gachis!.. si Clorinde arrivait... dépêche-toi donc.

MICHEL.

Ah! le v'là! le v'là, notre maître... tenez. (Il lui donne une plume.) Sinez, sinez, pendant que je vais remettre tout ça en ordre.

MONTGADIN.

Oui, oui, mon garçon... vois si tu peux... car pour moi... (Il signe.) Tiens, voilà.

MICHEL.

Votre paraphe y est-il? oui, bon! (A part en mettant le bail dans sa poche.) L'autre peut venir à présent, l'affaire est consumée.

MONTGADIN.

Mais, ramasse donc.

SCÈNE XVII.

Les Mêmes, ÉMILE.

ÉMILE, entrant précipitamment.

Adèle, Adèle! chère Adèle!

MONTGADIN. Il va pour déposer les papiers sur le bureau ; mais en se retournant, il heurte Michel et tout retombe.

Hein! qu'est-ce que c'est? qu'est-ce que vous demandez?

ÉMILE.

Ah! monsieur... il serait vrai? Adèle sera ma femme?

MONTGADIN.

Vous dites...

ÉMILE.

Madame, votre épouse y consent.

MONTGADIN.

Vous dites?

ÉMILE.

Et vous aussi, par conséquent... ah! monsieur...

MONTGADIN.

Monsieur, que signifie?

ÉMILE.

Voici sa lettre, monsieur... je n'ai lu que les premières lignes... et j'accours... chère Adèle, où est-elle?

MONTGADIN, qui a parcouru la lettre.

Que vois-je? mais c'est une trahison! et cette lettre, qui vous l'a remise?

ÉMILE, montrant Françoise qui entre.

Votre domestique, que voici.

MONTGADIN.

Ah! ah! oui-dà, c'est ainsi qu'on m'obéit...

FRANÇOISE.

Monsieur... (Bas à Eugène.) Il ne fallait donc pas lui dire.

MONTGADIN, passant entr'eux.

Qu'est-ce que c'est?.. ah! vous ourdissez tous de ténébreux complots contre mon autorité... sortez, serpent! sortez... et vous, monsieur... apprenez que j'ai choisi un époux à ma nièce, et que ce n'est pas vous.

ÉMILE.

Il serait possible!

MONTGADIN, à Françoise, en lui jetant la lettre au visage.

Mais, sortez donc, vipère? ou bien, je...

FRANÇOISE, reculant.

Ah! Dieu! il est effrayant!   (Elle se sauve

ÉMILE.

Monsieur, ceci ressemble à une mystification.

MONTGADIN.

Tout ce que vous voudrez, mais laissez-moi tranquille. (Montrant les papiers éparpillés.) Je m'occupe d'affaires importantes.

ÉMILE, avec désespoir.

Adèle! marier Adèle! (A Montgadin.) Monsieur, permettez, du moins...

MONTGADIN.

Allez au diable!

ÉMILE, exaspéré, lui saisissant le bras.

Monsieur!

MONTGADIN, se redressant fièrement.

Monsieur!

ÉMILE.

Monsieur!

MONTGADIN, se levant sur la pointe des pieds.

Monsieur!

ÉMILE.

Monsieur, vous me rendrez raison.

MONTGADIN.

Monsieur! je... je ne vous rendrai rien du tout.

ÉMILE.

Je vous ferai sauter la cervelle.

MONTGADIN, furieux.

Oui... eh bien! avisez-vous-en... Ah! ah! par exemple! je voudrais bien voir ça. (Se posant.) Je vous le défends, je vous le défends, entendez-vous... Ah! mais... ah! mais... ah! mais...

ÉMILE.

Sortons, sortons, monsieur!   (Il s'éloigne précipitamment.

MONTGADIN, le suivant d'un air déterminé.

Oui, monsieur! oui, monsieur! (Il va jusqu'au fond, et dès qu'Emile est dans le vestibule, il ferme la porte sur lui et redescend la scène d'un air de matamore.) Il a bien fait de sortir, un mot de plus, et j'allais... t'ordonner de le jeter par la fenêtre. (Allant au fond.) Ah! drôle! (Riant d'indignation.) Ah! ah! par exemple! j'aime encore beaucoup ce monsieur... je t'en donnerai des cervelles à faire sauter! moi! c'est égal, je suis content de moi, je me suis bien montré: n'est-ce pas Michel, il en avait l'air tout étourdi.

MICHEL.

Le fait est que vous avez crié assez fort pour ça.

MONTGADIN.

Je ne me serais jamais cru tant de courage.

MICHEL.

Ni moi : vous en tremblez encore de tous vos membres.

MONTGADIN.

Je suis si nerveux...   (On sonne en dehors.

SCÈNE XVIII.

LES MÊMES, ADÈLE, FRANÇOISE.

ADÈLE, frappant au fond.

Mon oncle ! mon oncle ! Michel ouvre la porte. Mon oncle.

FRANÇOISE.

Monsieur, monsieur.

MONTGADIN.

Eh bien ! eh bien !   (On sonne pendant l'ensemble.)

ADÈLE, FRANÇOISE et MICHEL.

AIR : Répondez-nous.

Entendez-vous ? entendez-vous ?
C'est vous, monsieur, que l'on demande,
Mon oncle c'est vous qu'on demande !
Entendez-vous, entendez-vous ?
Que faut-il fair' dites-le nous,
Vos amis vous réclament tous.

MONTGADIN, se bouchant les oreilles.

Ah ! quel vacarme ! voyons, explique-toi.

ADÈLE.

Mon oncle, ce sont tous vos invités.

MONTGADIN.

Comment, mes invités ?

ADÈLE.

Mais oui, les personnes que vous avez invitées à dîner, elles attendent à la grille du jardin.

MONTGADIN, se souvenant.

Ah ! ah ! c'est vrai, et moi qui ne pensais plus à ça, et qui n'ai pas fait faire à dîner... où est ma femme ? c'est-à-dire non, ne l'appelez pas... voyons, du calme... tâchons de... car en vérité... ce jeune spadassin m'a jeté dans un état impossible à décrire.

FRANÇOISE, à Adèle.

C'est M. Émile.

ADÈLE.

Il est donc venu ?

MONTGADIN.

Oui, venu... et reparti pour toujours... je l'espère bien... ou je... je le li-vre au procureur du roi.

ADÈLE.

M. Émile ?

MONTGADIN.

Lui-même ! comme un meurtrier, un affreux homicide !

ADÈLE.

O ciel !.. ah ! ah ! Appelant et pleurant. Ma tante, ma tante ! Ah ! ah ! mon Dieu !

MONTGADIN.

Allons, bon ! allons, bon !

ADÈLE.

Ma tante... ah ! ah !   Elle s'appuie sur un fauteuil

MONTGADIN.

Eh bien ! eh bien ! elle se trouve mal ! (Il lui frappe dans la main ; on sonne.

MICHEL.

Notre maître, entendez-vous ? ils vont casser la cloche ?

MONTGADIN.

Je n'y suis pas... dites-leur que je n'y suis pas... qu'ils repassent demain matin.

MICHEL.

Pour dîner ?

MONTGADIN.

C'est vrai... ah! Dieu! mais qu'est-ce que je pourrais donc bien. (A Adèle.) Ah! elle revient, n'est-ce pas? bon... (Allant au fond.) Oui; ils sont là?

MICHEL.

Et il tombe une neige... il vous en tombe... par boisseaux.

MONTGADIN.

Et dire que j'ai oublié... quelle bêtise! le premier jour de mon règne... c'est pour le coup qu'ils vont rire... sapristi! (S'arrêtant brusquement.) Ah! ah! Michel... Michel! ici, Michel.

MICHEL.

De quoi! de quoi!

MONTGADIN.

Je... je ne sais pas... Michel, un verre de quelque chose, je me sens incommodé.

FRANÇOISE, qui donne des soins à Adèle.

Là, je parie que c'est encore l'homard, c'est chaque fois comme ça.

MONTGADIN.

Je crois que je m'en vais aussi; Michel donne-moi le flacon d'eau de Cologne.

MICHEL, cherchant.

Oui... oui...

MONTGADIN.

Il doit être...

MICHEL.

Où ça?

MONTGADIN.

Quelque part, voici les clés... prends-le vite, vite.

MICHEL.

Ous qu'il est.

MONTGADIN.

Est-ce que je le sais, dépêche-toi donc... Ah! Michel! Michel, ma femme, appelle ma femme... où est ma femme... je veux ma femme... (Françoise a couru à la porte et revient avec Clorinde à qui elle parle en lui montrant Montgadin.

SCÈNE XIX.

LES MÊMES, CLORINDE.

CLORINDE.

O ciel! qu'avez-vous?

MONTGADIN.

Je ne sais pas... ça me tient là... une barre... et puis... Ah! mon Dieu! est-ce que tu ne pourrais pas me procurer un peu de thé.

CLORINDE, bas à Françoise.

J'en ai préparé, courez. (Françoise sort, haut.) Du thé! allons donc, c'est bon pour les pigeons de Michel.

MONTGADIN.

Seulement cinq ou six tasses, chère amie.

CLORINDE.

C'est cela, je suis votre chère amie, maintenant.

MONTGADIN.

Tu l'es toujours... (Il tousse.) Tou... tou... toujours...

CLORINDE.

Dans quel état vous voilà!

MONTGADIN.

Oui, n'est-ce pas?.. oh! sois tranquille. (Pendant ce qui suit, Clorinde prend la tasse que lui apporte Françoise, et lui parle bas, ainsi qu'à Adèle; elles sortent toutes deux par le fond.) Si j'en réchappe, si je n'en décède pas, Clorinde je te demande pardon; oui, je te demande mille pardons et... et une tasse de thé.

CLORINDE, lui présentant la tasse.

Tenez...

MONTGADIN.

Quoi! quoi. tu y avais pensé. ô mon ange. *(Il boit avidement.)*

CLORINDE.

Doucement, doucement, donc.

MONTGADIN.

Ah! ah! que ça fait de bien, je respire, je ressucite, tu me sauves la vie... je te dois le jour, Clorinde, tu es ma seconde mère... Oh! si, si, ma seconde mère, et ma femme, tu cumules les plus doux liens de la nature à mon égard, où vas-tu donc?

CLORINDE.

Vous voilà mieux... vous pouvez vous passer de moi.

MONTGADIN.

Mieux... l'estomac, oui; mais la poitrine donc. (Il tousse.) Clorinde!

CLORINDE.

Eh! non, recommencez vos excès, remettez-vous à table, allez courir dans le jardin.

MONTGADIN.

Ça ne m'arrivera plus, jamais, jamais, jamais.

CLORINDE.

Signez un autre bail qui vous enlève encore cinq cents francs de revenu.

MONTGADIN.

Michel le déchirera; n'est-ce pas, Michel?

MICHEL.

Hein?

CLORINDE.

Du tout, du tout, monsieur, ceci vous rappelera au moins une fois par an votre conduite.

MONTGADIN.

Eh bien! oui.

MICHEL.

Là! vous voyez bien, notre maître, à quelque chose malheur est bon.

CLORINDE.

Taisez-vous!

MONTGADIN.

Tais-toi, imbécile! (A sa femme.) Clorinde.

CLORINDE.

Eh! non, brouillez-vous encore avec tous vos amis qui sans moi partaient très irrités.

MONTGADIN.

Et tu m'as excusé... Ah! Clorinde, tiens, je suis un indigne... mais c'est fini. (L'arrêtant.) Oh! reste.

CLORINDE.

Moi, rester pour vous voir sacrifier votre nièce, en la donnant à un homme intéressé qu'elle n'aime pas et qui n'en veut qu'à sa fortune.

MONTGADIN.

Il serait possible! Duprat; à propos, où est-il donc?

CLORINDE.

Dans le jardin, où il m'attend pour me prier de ne pas vous dévoiler sa conduite.

MONTGADIN, l'arrêtant.

Dans le jardin, et la neige?

CLORINDE, s'éloignant.

Il se sera mis à l'abri dans le pavillon.

MONTGADIN.

Mais il n'est pas couvert, j'avais donné congé aux ouvriers.

CLORINDE, revenant sur ses pas.

Comment! mais monsieur toute la décoration intérieure sera perdue!

MICHEL.

Bon, encore une bêtise!

MONTGADIN.

Qu'est-ce que tu dis?

MICHEL.

Je dis... encore une méprise.

CLORINDE.

Retirez-vous...

MONTGADIN.

Retire-toi, drôle! Veux-tu que je te rosse?   Michel s'en va par le fond.

SCÈNE XX.

MONTGADIN, CLORINDE.

MONTGADIN.

Ah! Clorinde!

CLORINDE.

Non, non, monsieur, laissez-moi; d'ailleurs, vous oubliez qu'on vous attend pour votre duel.

MONTGADIN.

J'y renonce... oui, j'y renonce... pour te faire plaisir... j'y renonce... je ne me battrai plutôt pas... là, es-tu contente? tu vois que je fais tout ce que tu veux... je donne ma démission... j'abdique le pouvoir... je te le reconfie.

CLORINDE.

Pourquoi donc? vous en faites si bon usage.

MONTGADIN.

C'est égal; fais-moi l'amitié de t'en charger, ordonne je t'en prie, parle.

CLORINDE, à part.

Enfin! nous y voici. (Haut.) Eh bien! j'y consens; mais songez qu'à la moindre hésitation...

MONTGADIN.

Moi! oh! jamais... essaie, tu verras.

CLORINDE.

Eh bien, monsieur, commencez par quitter cet habit, et reprenez votre douillette.

MONTGADIN.

Oui, oui... (Regardant autour de lui.) Ah! la voici. (Appelant.) Françoise!

CLORINDE.

Que lui voulez-vous? dépêchez-vous donc, vous vous êtes bien passé de Françoise, tantôt? allons, votre foulard, maintenant.

MONTGADIN.   (Il le cherche.)

Oui, oui, tout de suite.

CLORINDE.

Vite donc... vous hésitez, je crois?

MONTGADIN.

Eh! non, mais un instant, que diable!

CLORINDE.

Hein? qu'est-ce que?

MONTGADIN, vivement.

Non, non.

CLORINDE.

A la bonne heure!

AIR : Assez dormir ma belle.

Vite, il faut se soumettre,
Ne faites plus le maître;
Monsieur, changez de ton.
Plus d'orgueil, d'arrogance,
Beaucoup d'obéissance,
Ou bien point de pardon.
En vain le téméraire,
De mon joug tutélaire,
Rompt le lien trop doux.
Il faudra qu'il fléchisse,
Allons, qu'on m'obéisse,
Orgueilleux, à genoux!
(Montgadin se met à ses genoux.)
Vite il faut vous soumettre,
Vous n'êtes plus le maître;
Monsieur, changez de ton.
Plus d'orgueil, d'arrogance;
Beaucoup d'obéissance,
Ou bien point de pardon.

(Se croisant les bras.) Vous voilà donc soumis, monsieur le rebelle? mauvais sujet, mauvaise tête. Il veut lui prendre la main, elle la retire vivement. Finissez!

MONTGADIN.

Clorinde, je t'en prie... (Il veut encore lui prendre les mains, elle lui frappe sur les doigts.)

CLORINDE.

Eh! finissez donc?

MONTGADIN.

Puisque je te demande pardon.

CLORINDE.

Ah! c'est cela... vous faites mille extravagances, vous bouleversez toute la maison... vous me traitez, moi...

MONTGADIN.

Ma petite femme...

CLORINDE.

Et vous croyez qu'après cela, il suffira de demander pardon... du tout, monsieur. (Arrangeant son foulard.) Voyez, voyez comme c'est tourné... de quoi avez-vous l'air? (Elle lui met la main sous le menton, lui fait lever la tête et le regarde.) Hein! que vous mériteriez bien... pendant que je vous tiens là... sous ma main... mais non, je suis mille fois trop bonne. (Il s'empare de sa main, et s'efforce de la baiser; elle frappe vivement sur les siennes.) Allons donc, allons donc, restez donc tranquille... Théodore, veux-tu finir. (Elle se dégage. Il tombe sur les mains.) Relevez-vous... je vous le permets.

MONTGADIN, marchant à genoux jusqu'à elle.

Eh bien! non, dis-moi avant que tu ne m'en veux plus... Clorinde, Clorindinette, laisse-toi attendrir par mes remords... je reprendrai du thé... je reboirai de la tisane... donne-moi ta menotte!

SCÈNE XXI.

Les Mêmes, DUPRAT.

DUPRAT, entrant tout couvert de neige et le visage bleu de froid.

Brou... ou... ou... que vois-je!

MONTGADIN.

Je chasserai Duprat.

DUPRAT.

Hein?

MONTGADIN.

M. Émile épousera Adèle.

DUPRAT, s'approchant.

Comment cela?

MONTGADIN, se relevant.

Ah! c'est toi, va-t-en! tiens... ah! bien! tu es joli... d'ou sors-tu donc.

DUPRAT, soufflant dans ses doigts.

Eh, morbleu! je viens. A Clorinde. Ah! madame.

CLORINDE, lui fesant une révérence.

Désolée de vous avoir fait attendre, monsieur, mais mon mari n'a pas voulu me permettre d'aller vous rejoindre, vous savez que c'est lui qui commande ici, et vous avez entendu ce qu'il vient de...

(Elle lui montre la porte.)

DUPRAT, d'un air très piqué.

Oui, madame, il suffit.

ÉMILE, en dehors.

Laissez-moi, laissez-moi, vous dis-je.

SCÈNE XXII.

Les Mêmes, EMILE, ADÈLE, FRANÇOISE, MICHEL.

ÉMILE.

Me voici monsieur, puisque vous ne venez pas, il faut bien...

MONTGADIN.

Ah! c'est vous! Se posant. Jeune homme, vous m'avez manqué

ÉMILE.

Si vous voulez me suivre, monsieur, je crois pouvoir vous assurer que cela ne m'arrivera plus.

MONTGADIN, avec dignité.

Je l'espère bien aussi.

ÉMILE.

Plaît-il?

MONTGADIN.

Vous dites?

ÉMILE, avec impatience.

Je dis que mes pistolets sont excellens.

MONTGADIN.

Ah! oui, manqué... manqué! pardon... je ne pensais pas à ça... mais il ne s'agit pas ici de puérils jeux de mots... je voulais dire que vous m'aviez menacé... injurié, et lâché des choses fort indigestes... mais je suis prêt...

ÉMILE.

Moi aussi; marchons...

MONTGATIN, l'arrêtant.

Mais écoutez donc. (A Duprat.) Hein! si on ne se tenait pas à quatre, pourtant! (A Emile.) Oui, monsieur je suis prêt à vous faire mes excuses.

ÉMILE.

Comment!

MONTGADIN, avec noblesse.

Oui, monsieur; dès lors, je pense que ça n'ira pas plus loin... ou bien vous irez donc tout seul... car je ne sors pas d'ici.

ÉMILE.

Par exemple, monsieur.

MONTGADIN.

Et si vous faites la mauvaise tête... voici votre femme. (Il montre Adèle. Mouvement d'Emile.) Une élève de la mienne, qui saura vous mettre à la raison.

ÉMILE.

Ah! monsieur, il serait possible! ah!   (Jetant la boîte de pistolets.)

MONTGADIN, la ramassant.

Enfin, je l'ai désarmé. (chantant) La victoire est à nous! (à Duprat) Mon cher Duprat, si je ne te revois pas, bon voyage.

DUPRAT.

Merci. (bas) Ainsi, tu es bien décidé.

MONGADIN.

Demande à ma femme.

DUPRAT.

Nigaud, va.

MONTGADIN.

Tout ce que tu voudras; mais j'ai voulu suivre tes conseils, et je n'ai fait que des sottises.

MICHEL.

C'est bien vrai,

MONTGADIN.

Q'est-ce qui te demande ton avis. (A Duprat) Et puisqu'il faut que je sois mené par quelqu'un, j'aime encore mieux que ce soit par ma femme. (A Emile.) Si vous m'en croyez jeune homme quand vous serez le mari d'Adèle...

ÉMILE.

Ah! monsieur il est donc vrai, vous consentez.

MONTGADIN.

Assurém... c'est-à-dire... demandez à ma femme.

ADÈLE, à Clorinde.

Ma tante!

ÉMILE, même jeu.

Madame!

CLORINDE, au milieu; joignant leurs mains, d'un air solennel.

Oui, mes enfans, je vous unis.

MONTGADIN, à Emile.

Touchez là, jeune homme, je vous donne mon consentement.

CLORINDE.

Soyez heureux.

MONTGADIN.

Comme nous.

CLORINDE, le menaçant.

Songez à votre promesse.

MONTGADIN.

Toujours!.. Ordonne... commande, fais mon bonheur comme tu l'entendras... je ne m'en mêlerai plus... je prends toutes les personnes qui m'écoutent à témoin de mon serment. Il y a mieux, il y a mieux!..

CLORINDE.

Silence!

MONTGADIN, s'arrêtant tout court.

Oui.

CLORINDE.

C'est bien, poursuivez.

MONTGADIN.

Oui : je disais, il y a mieux... pour peu que ces personnes désirent savoir si je tiens ma parole...elles peuvent venir s'en assurer tous les jours, ça me fera même beaucoup de plaisir, et...

CLORINDE.

Assez.

MONTGADIN.

Oui.

CLORINDE.

Très-bien.   (Elle lui donne sa main à baiser.

MONTGADIN, avec transport.

Ah !

Heureux destin !
Elle veut bien commander enfin !
Plus de chagrin !
Ah ! mon bonheur est certain.

ENSEMBLE.

MONTGADIN, MICHEL, FRANÇOISE.	ÉMILE, ADÈLE.
Heureux destin !	Heureux destin !
Elle veut bien commander enfin,	Tous nos vœux s'accompliront enfin.
Plus de chagrin,	Plus de chagrin ;
Ah ! mon/son bonheur est certain	Notre bonheur en certain.

CLORINDE.	DUPRAT.
Je cède enfin !	Je pars enfin !
Je veillerai sur votre destin.	En ces lieux je resterais en vain,
Plus de chagrin ;	Puisque l'hymen,
Notre bonheur est certain.	Va réunir leur destin.

MONTGADIN, au public.

Messieurs, cette pièce...

CLORINDE, l'interrompant.

Pardon,
Je vous ai prié de vous taire :
Mon cher mari, laissez-moi faire,
Je parlerai pour vous...

MONTGADIN.

Bon ! bon !

CLORINDE, avec impatience.

Théodore, taisez-vous donc !

Au public.

A cette œuvre je m'intéresse ;
Puisque je commande céans,

D'un ton d'autorité.

De m'obéir que l'on s'empresse :
J'ordonne d'applaudir la pièce.

S'avançant d'un air gracieux.

Messieurs, vous êtes trop galants
Pour résister à la maîtresse,   BIS ENSEMBLE.
Obéissez à la maîtresse.

REPRISE DE L'ENSEMBLE.

Pendant les cinq premiers vers, Montgadin donne le bras à sa femme; Émile donne le sien à Adèle. Françoise éclaire Duprat jusqu'au fond.

FIN.